TAPISSERIES

ANCIENNES

XVI. XVII & XVIII Siècles

Appartenant à M. X***

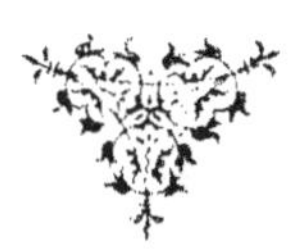

PARIS — JUIN 1910

CATALOGUE

DES

TAPISSERIES

ANCIENNES

DES

XVIᵉ, XVIIᵉ & XVIIIᵉ Siècles

DES FABRIQUES DE

BEAUVAIS, BRUXELLES

ET AUTRES

Appartenant à M. X*** *Godillot (frères chaussures)*

DONT LA VENTE AUX ENCHÈRES PUBLIQUES AURA LIEU A PARIS

HOTEL DROUOT, Salles Nᵒˢ 5 & 6 réunies

Le Samedi 11 Juin 1910

à quatre heures

<table>
<tr><td>COMMISSAIRE-PRISEUR
Mᵉ F. LAIR-DUBREUIL
6, rue Favart</td><td>EXPERTS
MM. PAULME & B. LASQUIN FILS
10, rue Chauchat   rue Grange-Batelière, 11</td></tr>
</table>

EXPOSITIONS

PARTICULIÈRE : *Le Vendredi 10 Juin 1910, de 1 heure 1 2 à 6 heures.*

PUBLIQUE : *Le Samedi 11 Juin 1910* jour de la vente *, de 1 heure 1 2 à 4 heures*

CONDITIONS DE LA VENTE

Elle sera faite au comptant.

Les acquéreurs paieront *dix pour cent* en sus des enchères.

L'exposition mettant le public à même de se rendre compte de l'état et de la nature des objets, il ne sera admis aucune réclamation, pour quelque cause que ce soit, une fois l'adjudication prononcée.

Paris. Imp. Georges Petit, 12, rue Godot-de-Mauroy. — 30793-10.

DÉSIGNATION

1 — TAPISSERIE rectangulaire flamande du XVIe
siècle. Composition à grands personnages, tirée
de l'Ancien Testament. Large et riche bordure
d'encadrement offrant des médaillons à petits
sujets de chasse, des figures allégoriques et des
compartiments à feuillage et rinceaux.

Haut. 3 m. 30, larg. 3 m. 15.

2 — AUTRE TAPISSERIE rectangulaire flamande du
XVIe siècle, de la même suite que la précédente.
Bordure analogue, mais seulement en haut.

Haut. 2 m. 90, larg. 2 m. 25.

TENTURE comprenant quatre tapisseries rectangulaires de la FABRIQUE DE BRUXELLES, du commencement du XVIIe siècle. Compositions à grands personnages tirées de l'*Enéide*.

3 — TAPISSERIE rectangulaire, encadrée de bordures modernes.

Haut., 3 m. 15 ; long., 6 m. 25.

4 — TAPISSERIE rectangulaire avec bordures modernes sur trois côtés.

Haut., 3 m. 45 ; long., 3 m. 30.

5 — TAPISSERIE rectangulaire avec bordures modernes sur trois côtés.

Haut., 3 m. 40 ; long., 4 m. 70.

6 — TAPISSERIE rectangulaire sans bordure.

Haut., 3 m. 20 ; long., 5 m. 40.

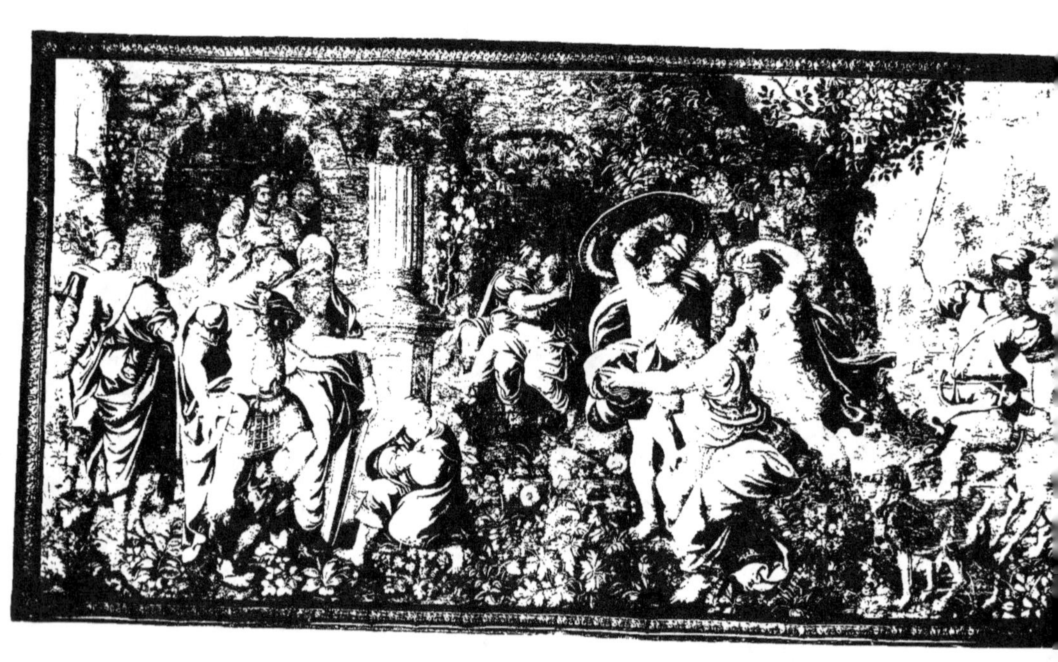

7 — **Fragment** rectangulaire d'une tapisserie de la Manufacture royale de Beauvais, du temps de la Régence, provenant d'une pièce de la suite des *Grotesques* de Bérain. Sur le devant de la composition se voit un éléphant accompagné de deux petits personnages. Fond jaune.

Haut., 2 m. 75 ; larg., 1 m. 13.

8 — **Autre fragment** rectangulaire d'une tapisserie de Beauvais, de la même suite que le précédent. Fond jaune.

Haut., 2 m. 80 ; larg., 1 m. 30.

TENTURE comprenant une suite de *cinq tapisseries-verdures* animées de grands oiseaux et autres animaux, probablement tissées à la MANUFACTURE DE BEAUVAIS, dans la première moitié du XVIIIe siècle. (Seront vendues séparément.)

9 — GRANDE TAPISSERIE rectangulaire : paysage boisé avec éclaircie au centre laissant apercevoir une ville avec château, colonnes, pont et rivière. Sur le premier plan, de grands oiseaux : paon et paonne, héron, etc.; perchés dans les branches, des perroquets. Bordure d'encadrement simulant un cadre à enroulement de feuillage et cartouches.

Haut., 2 m. 87 ; long., 6 m. 35.

10 — TAPISSERIE rectangulaire : paysage boisé avec rivière et chutes d'eau, pont et fond de ville; au premier plan, coq et poules; sur les branches, des petits oiseaux. Même bordure d'encadrement que celle de la tapisserie précédente.

Haut., 3 m. 05 ; long., 3 m. 05.

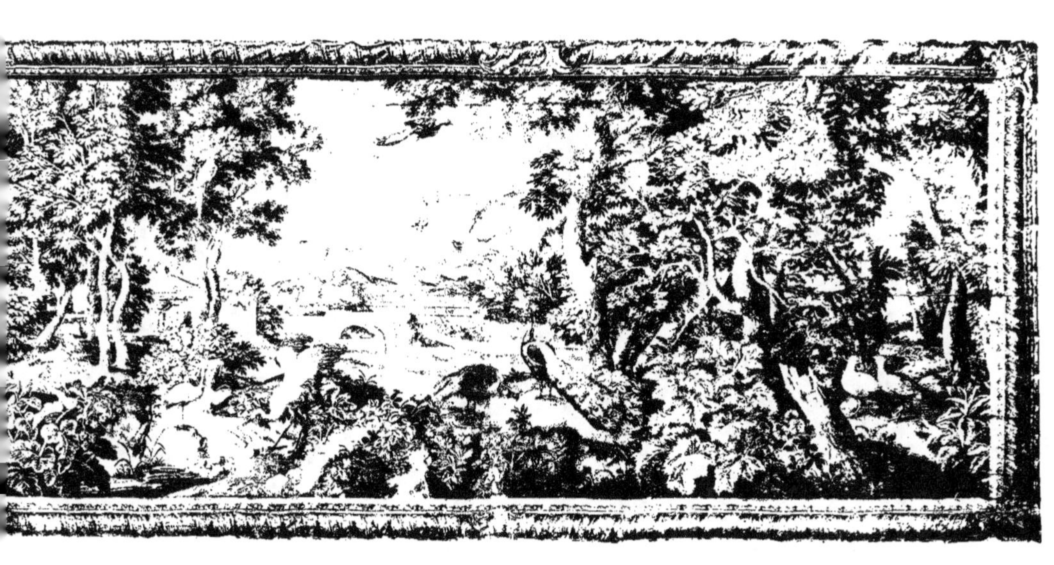

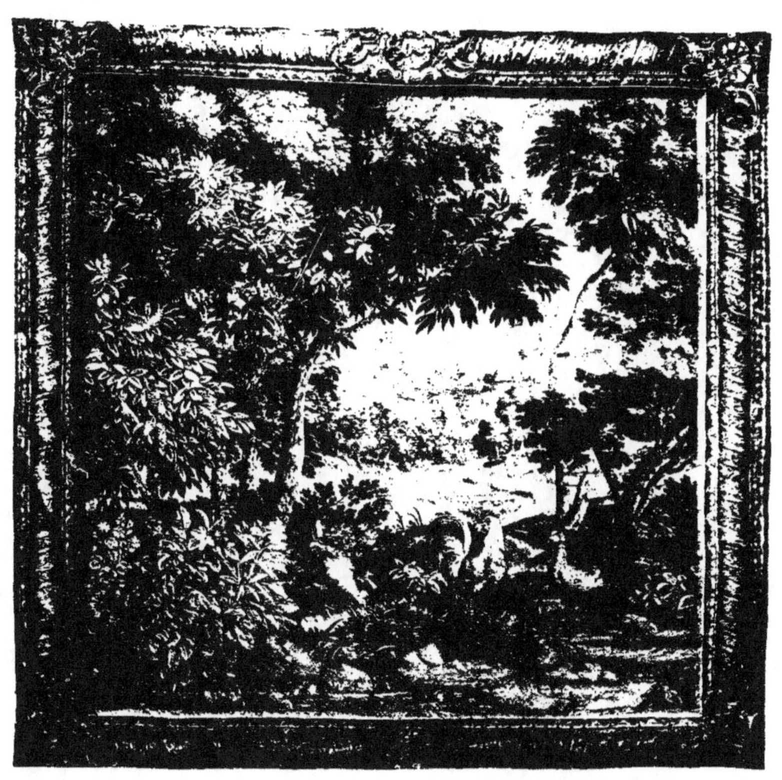

11 — Tapisserie rectangulaire : paysage avec vue
de ville dans le lointain; au centre, petite
chute d'eau. Arrivant de gauche, un chien
poursuit deux canards qui s'envolent. Même
bordure d'encadrement que les précédentes.

Haut., 2 m. 83; long., 2 m. 90.

12 — Tapisserie rectangulaire : paysage avec
arbres au premier plan à gauche, et le rivage
de la mer à droite; au centre, canard attaqué
par un oiseau de proie. Même bordure d'encadrement que les précédentes.

Haut., 2 m. 70; long., 1 m. 63.

13 — Tapisserie rectangulaire : paysage avec cours
d'eau, pont, château et fond de collines; au
premier plan, groupe d'animaux : chien, buse
et pigeon. Sans bordure.

Haut., 2 m. 45; long., 2 m. 55.

14 — PANNEAU, de forme oblongue, à deux côtés
cintrés, en ancienne tapisserie fine du XVIIIe
siècle, d'après une partie d'un tableau de
Vanloo (signé à gauche), se trouvant au palais
de Fontainebleau dans un salon des apparte-
ments du roi Joseph (encastré dans la boiserie).
Il représente un groupe de quatre amours vol-
tigeant dans les airs; l'un d'eux porte une
couronne; un autre, une branche de corail
enguirlandée de cordons de perles. Encadrement de bois mouluré partiellement doré.

Haut., 1 m. 80; larg., 1 m. 58.

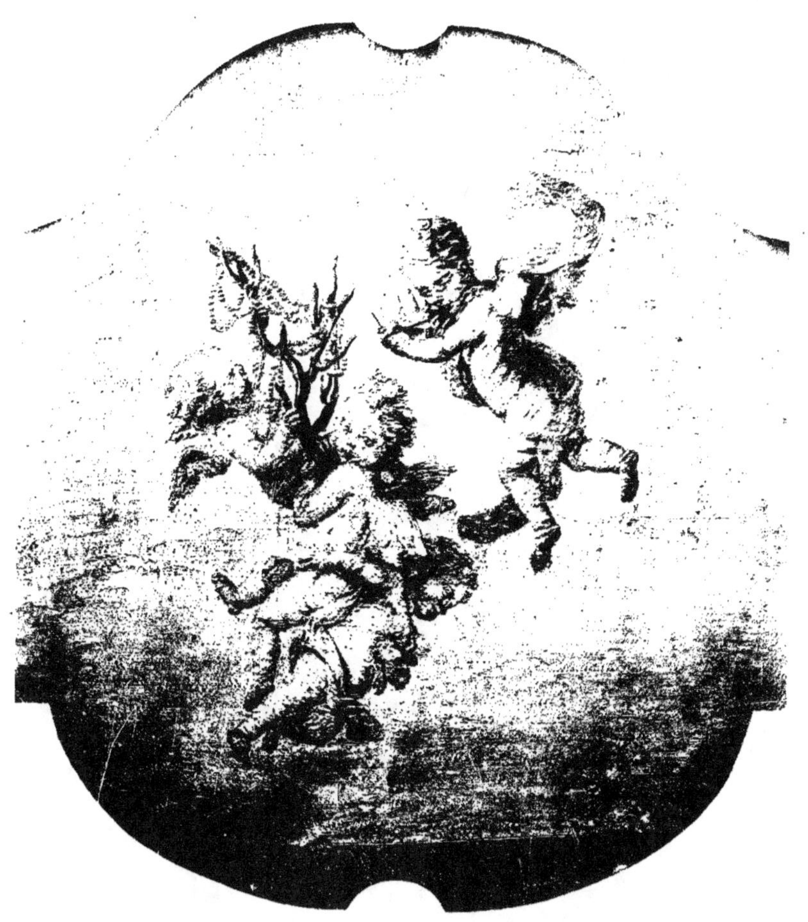

14

www.ingramcontent.com/pod-product-compliance
Lightning Source LLC
LaVergne TN
LVHW011010180726
843502LV00007B/2458